33 동사로 말하는
이탈리아어
(**QR 코드** 버전)

● Learn the Strong Verbs
  for the Foreign Language!

33 동사로 말하는 이탈리아어 (QR 코드 버전)

저자 _ 조성윤

발행 _ 2021.08.22

펴낸이 _ 한건희

펴낸곳 _ 주식회사 부크크

출판등록 _ 2014.07.15.(제2014-16호)

주소 _ 서울 금천구 가산디지털1로 119, SK트윈타워 A동 305호

전화 _ 1670 - 8316

www.bookk.co.kr

출판기획 _ **enBergen** (엔베르겐)

디자인 _ **enbergen3@gmail.com**

ISBN 979-11-372-5373-5

값은 표지에 있습니다.

33 Strong Verbs for Beginners!

발음 연습용 **MP3** 파일은
https://bit.ly/3jLrVCW
에서 무료로 이용할 수 있습니다.

QR 코드 리더 앱을 사용하면
더욱 편리하게 **MP3** 파일을
청취/연습할 수 있습니다.

33Yeah!

intro

33 동사로 말하는 제2외국어
시리즈에 대하여 :

33개 동사로 당장 말하는 제2외국어!
삼삼한 동사로 말문 트는 신박한 학습법!
3분 투자로 말할 수 있는 핵심 3문장 득템!
33개 동사 x 3 문장 x 알파의 말하기 무한펌핑!
알파벳을 몰라도 당장 시작할 수 있는 외국어!
QR 코드로 즉석에서 말하는 자가발전서!

'33 동사로 말하는 제2외국어' 시리즈는
별도의 알파벳과 발음 학습 경험이 없어도
삼삼한 33개의 동사로 금새 해당 외국어로
말하기가 가능한 기발한 개념의 교양 외국어 시리즈입니다.

'33 동사로 말하는 제2외국어' 시리즈는
문장을 만들어 말할 때 가장 강력한 힘을 발휘하는
품사인 '동사'에 집중합니다.
하나의 동사로 할 수 있는 다양한 표현능력을
경험하고 확인할 수 있습니다.

'33 동사로 말하는 제2외국어' 시리즈는
QR 코드를 탑재하여 즉각적인 발음 연습이 가능한
콤팩트 포맷의 다국어 학습서입니다.

33 Strong Verbs for Beginners!

33 동사로 말하는 **이탈리아어**의
구성과 학습법에 대하여 :

'**33 동사로 말하는 이탈리아어**'는
1st Part. 33 동사로 말하는 이탈리아어, **Big 3** 동사와
2nd Part. 33 동사로 말하는 이탈리아어, **Best 30** 동사로
구성되어 있습니다.
그리고 **Bonus Part.**의 부록에는
'이탈리아어의 알파벳과 발음', '이탈리아어의 인칭대명사',
'이탈리아어의 동사인칭변화 (규칙동사/불규칙)' 등
완전 초보 학습자를 위한 페이지가 준비되어 있습니다.

'33 동사로 말하는 이탈리아어'의 효과적인 학습법은
먼저 각각의 챕터 시작부에 마련된
해당 동사에 대한 기본적인 문법 설명을 이해합니다.
그리고 다음 페이지 해당 동사의 3가지 핵심 문장과 친해집니다.
이때 간략한 해설과 단어 정리를 통해 응용 연습을 합니다.
이제 인칭대명사와 3번째 단어만 바꾸어 주면 무궁무진하게
이탈리아어 문장을 만들 수 있는 능력을 경험할 수 있습니다.

본문에 있는 [괄호] 안의 우리말 발음 표기는
원음에 최대한 가깝게 표기하였습니다만,
정확한 발음은 **MP3**의 원어민 음성으로
확인/연습하는 것이 가장 좋습니다.

● Learn the Strong Verbs for the Foreign Language!

contents

This booklet contains a list of 33 strong verbs to help you learn the foreign language. 🐾 33 Strong Verbs for Beginners!

33 Strong Verbs for Beginners!

33yeah!

1st. part

This booklet contains a list of 33 strong verbs to help you learn the foreign language.

33 Strong Verbs for Beginners!

33Yeah!

1st part.
33 동사로 말하는 이탈리아어, Big 3 동사

1st part.는
'**33** 동사로 말하는 이탈리아어, **Big 3** 동사'입니다.
이탈리아어 전체를 통틀어서 가장 중요한
3가지 동사를 만납니다.
다른 동사를 몰라도 상당 부분의 이탈리아어가 가능한
최고로 강력한 동사 3인방입니다.

1st. Part.
33 동사로 말하는 이탈리아어, **Big 3 동사**

1st Part. 33 동사로 말하는 이탈리아어, **Big 3 동사**
❶ 나는 ~입니다.

❶ 첫 번째 이탈리아어 Big 3 동사는 **essere** [엣쎄레] (~이다)입니다.
essere 동사는 영어의 **be** 동사와 비슷합니다. 그래서 '나는 ~입니다.'는
(Io) sono ~. [(이오) 소노 ~.]입니다.
영어의 **I am ~.**과 성격이 비슷합니다.

❷ **io** [이오] (나)는 1인칭 단수 인칭대명사이고,
sono [소노]는 essere [엣쎄레] (~이다) 동사의 1인칭 단수 형태입니다.
이탈리아어 동사는 인칭에 따라 6가지 형태가 있기 때문에 회화에서는
종종 주어를 생략하고 말합니다.

❸ **Sono** + 명사.로 '나의 이름/직업'을 말할 수 있습니다.
Sono + 형용사.로 '나의 국적/상태/기분/감정/외모'를 말할 수 있습니다.

❹ **essere** 동사의 인칭별 변화형을 사용하여
다양한 문장을 만들 수 있습니다. 인칭별 변화형은 다음과 같습니다.

io sono	[이오 소노]	나는 ~이다
tu sei	[뚜 쎄이]	너는 ~이다
lui/lei/Lei è	[루이/레이/레이 에]	그/그녀/당신은 ~이다
noi siamo	[노이 씨아모]	우리들은 ~이다
voi siete	[보이 씨에떼]	너희들은 ~이다
loro sono	[로로 소노]	그들/그녀들은 ~이다

 33 Strong Verbs for Beginners!

● Learn the Strong Verbs for the Foreign Language!

33 동사로 말하는
이탈리아어
강력한 33개 동사로 시작하는 외국어!

Italian

Part
1st

iV-B1-1   **Sono Mino Kim.**
[소노 미노 킴.] 나는 김미노입니다.

● 자신을 소개할 때는 이름과 성씨를 말합니다.
Sono Kim. [소노 킴.] 나는 김입니다.
Sono Mino. [소노 미노.] (나는 미노입니다.)처럼 성/이름만 말해도 됩니다.

iV-B1-2   **Sono coreano.**
[소노 꼬레아노.] 나는 한국 남자입니다.

● 국적 형용사는 **–o**로 끝나면 남성형, **–a**로 끝나면 여성형입니다.
–e로 끝나는 국적형용사인 경우 남녀의 형태가 같습니다.
Sono coreana. [소노 꼬레아나.] 나는 한국 여자입니다.
Sono giapponese. [소노 쟈뽀네제.] 나는 일본 남자/여자입니다.

iV-B1-3   **Sono felice.**
[소노 펠리체.] 나는 행복합니다.

● **felice** [펠리체] 행복한, **contento/a** [꼰뗀또/따] 기쁜/만족하는.
Sono 다음에 형용사를 넣으면 '나는 ~합니다.'라고
'상태/기분/감정' 등을 말할 수 있습니다.

1st. Part.
33 동사로 말하는 이탈리아어, Big 3 동사

1st Part. 33 동사로 말하는 이탈리아어, Big 3 동사
❷ 나는 ~ 가지고 있습니다.

❶ 두 번째 이탈리아어 Big 3 동사는 **avere** [아베레] (가지다)입니다.
(영어의 **have** 동사와 비슷) 그래서 '나는 ~을 가지고 있습니다.'는
(Io) ho. [(이오) 오.]입니다. ('나는 ~가 있습니다.'도 됩니다.)

❷ **ho** [오]는 **avere** [아베레] (가지다/소유하다) 동사의 1인칭 단수입니다.

❸ **avere** [아베레] (가지다/소유하다) 동사는
목적어를 필요로 하는 타동사입니다.

❹ **Ho** + 명사. (나는 ~을 가지고 있습니다.)로
나의 '사람/사물/시간/생각'의 소유를 나타낼 수 있습니다.

❺ **avere** 동사의 인칭별 변화형을 사용하여
다양한 문장을 만들 수 있습니다. 인칭별 변화형은 다음과 같습니다.
(주어는 생략하고 말해도 됩니다.)

io ho	[이오 오]	나는 ~가지고 있다
tu hai	[뚜 아이]	너는 ~가지고 있다
lui/lei/Lei ha	[루이/레이/레이 아]	그/그녀/당신은 ~가지고 있다
noi abbiamo	[노이 압비아모]	우리들은 ~가지고 있다
voi avete	[보이 아베떼]	너희들은 ~가지고 있다
loro hanno	[로로 안노]	그들/그녀들은 ~가지고 있다

● Learn the Strong Verbs for the Foreign Language!

33 동사로 말하는
이탈리아어

강력한 33개 동사로 시작하는 외국어!

Italian

Part
1st

iV-B2-1 **Ho un fratello.**

[오 운 프라뗄로.] 나는 한 명의 형제가 있습니다.

● 여자 형제는 **una sorella** [우나 쏘렐라] (한 명의 자매)입니다.
부정관사는 남성형 **un/uno** [운/우노], 여성형은 **una/un'** [우나/운]입니다.

iV-B2-2 **Ho tempo.**

[오 뗌뽀.] 나는 시간이 있습니다.

● **il tempo** [일 뗌뽀] 시간.

iV-B2-3 **Ho un appuntamento.**

[오 운 아뿐따멘또.] 나는 하나의 약속이 있습니다.

● **un appuntamento** [운 아뿐따멘또] 하나의 약속.

1st. Part.
33 동사로 말하는 이탈리아어, **Big 3 동사**

1st Part. 33 동사로 말하는 이탈리아어, Big 3 동사
❸ 나는 ~합니다.

❶ 세 번째 이탈리아어 **Big 3 동사**는
fare [파레] (~하다/만들다)입니다.
그래서 '나는 ~합니다.'는 이탈리아어로
(Io) faccio ~. [(이오) 팟치오.]입니다.

❷ **faccio [팟치오]**는 **fare [파레]** 동사의 1인칭 단수 형태입니다.

❸ **fare** 동사의 인칭별 변화형을 사용하여
다양한 문장을 만들 수 있습니다. 인칭별 변화형은 다음과 같습니다.

io faccio	[이오 팟치오]	나는 ~한다
tu fai	[뚜 파이]	너는 ~한다
lui/lei/Lei fa	[루이/레이/레이 파]	그/그녀/당신은 ~한다
noi facciamo	[노이 팟치아모]	우리들은 ~한다
voi fate	[보이 팟떼]	너희들은 ~한다
loro fanno	[로로 판노]	그들/그녀들은 ~한다

33 Strong Verbs for Beginners!

● Learn the Strong Verbs for the Foreign Language!

33 동사로 말하는
이탈리아어
강력한 33개 동사로 시작하는 외국어!

Italian

Part
1st

---

iV-B3-1 **Faccio un caffè.**

[팟치오 운 까페.] 나는 커피를 만듭니다.

● **il caffè** [일 까페] 커피, **la spesa** [라 스뻬자] 지출 (물건을 구매하다).
Faccio la spesa. [팟치오 라 스뻬자.] 나는 장을 봅니다.

---

iV-B3-2 **Faccio amicizia.**

[팟치오 아미치찌아.] 나는 친구를 사귑니다.

● **l'amicizia** [라미치찌아] 우정. '우정을 만들다' 즉 '친구를 사귀다'입니다.
la fila [라 필라] 줄. **Faccio la fila.** [팟치오 라 필라.] 나는 줄을 섭니다.

---

iV-B3-3 **Faccio yoga.**

[팟치오 요가.] 나는 요가를 합니다.

● **fare** + 스포츠는 '운동하다'입니다. 관사는 사용하지 않습니다.
lo yoga [로 요가] 요가, **lo jogging** [로 조깅] 조깅.

2nd. part

This booklet contains a list of 33 strong verbs to help you learn the foreign language. 33 Strong Verbs for Beginners!

33Yeah!

2nd part.
33 동사로 말하는 이탈리아어, Best 30 동사

2nd part.는
'**33** 동사로 말하는 이탈리아어, **Best 30** 동사'입니다.
이탈리아어를 말할 때 가장 필요한
30가지 동사를 만납니다.
Best 30 동사를 알면 이탈리아어로
일상을 표현하는데 충분히 도움이 됩니다.

2nd. Part.
33 동사로 말하는 이탈리아어, **Best 30 동사**

2nd Part. 33 동사로 말하는 이탈리아어, Best 30 동사
(01) 나는 갑니다.

❶ '나는 갑니다.'는 이탈리아어로
Vado. [바도.]입니다.

❷ **vado** [바도]는 **andare** [안다레] (가다) 동사의 1인칭 단수 형태입니다.

❸ **vado** 다음에 전치사구와 함께 가는 곳/가는 방법/가는 시간 등
여러 가지 표현이 가능합니다.

❹ **andare** + 전치사 **a** + 동사원형.은
'~하러 가다/~할 것이다(가까운 미래)'라는 뜻입니다.

❺ **andare** 동사의 인칭별 변화형을 사용하여
다양한 문장을 만들 수 있습니다. 인칭별 변화형은 다음과 같습니다.
(의문문의 어순은 평서문과 같습니다. (주어) + 동사? : 주어 생략 가능)

io vado	[이오 바도]	나는 간다
tu vai	[뚜 바이]	너는 간다
lui/lei/Lei va	[루이/레이/레이 바]	그/그녀/당신은 간다
noi andiamo	[노이 안디아모]	우리들은 간다
voi andate	[보이 안다떼]	너희들은 간다
loro vanno	[로로 반노]	그들/그녀들은 간다

● Learn the Strong Verbs for the Foreign Language!

33 동사로 말하는
이탈리아어
강력한 33개 동사로 시작하는 외국어!

Italian

Part
2nd

iV-b01-1 **Vado da solo/a.**
[바도 다 쏠로/라.] 나는 혼자서 갑니다.

● **da solo/a** [다 쏠로/라] 혼자서. (화자가 남성이면 **solo**, 여성이면 **sola**)
Vai da solo? [바이 다 쏠로?] 너는 혼자서 가니?

iV-b01-2 **Vado a casa.**
[바도 아 까사.] 나는 집으로 갑니다.

● **a** [아] ~에/~으로 (전치사), **la casa** [라 까사] 집, **il letto** [일 렛또] 침대.
Vado a letto. [바도 아 렛또.] 나는 잠자러 갑니다.
Va a letto? [바 아 렛또?] 당신은 잠자러 갑니까?

iV-b01-3 **Vado a lavorare.**
[바도 아 라보라레.] 나는 일하러 갑니다.

● **lavorare** [라보라레] 일하다, **mangiare** [만쟈레] 먹다.
Vado a mangiare. [바도 아 만쟈레.] 나는 먹으러 갑니다.
Andate a mangiare? [안다떼 아 만쟈레?]
너희들은 먹으러 가니?

2nd. Part.

33 동사로 말하는 이탈리아어, **Best 30 동사**

2nd Part. 33 동사로 말하는 이탈리아어, **Best 30 동사**
(02) 나는 옵니다.

❶ '나는 옵니다.'는 이탈리아어로
Vengo. [벵고.]입니다.

❷ **vengo** [벵고]는 **venire** [베니레] (오다) 동사의 1인칭 단수 형태입니다.

❸ **vengo** 다음에 전치사구와 함께 구체적으로 말할 수 있습니다.

❹ **venire** 동사의 인칭별 변화형을 사용하여
다양한 문장을 만들 수 있습니다. 인칭별 변화형은 다음과 같습니다.
(의문문의 어순은 평서문과 같습니다. (주어) + 동사? : 주어 생략 가능)

io vengo	[이오 벵고]	나는 온다
tu vieni	[뚜 비에니]	너는 온다
lui/lei/Lei viene	[루이/레이/레이 비에네]	그/그녀/당신은 온다
noi veniamo	[노이 베니아모]	우리들은 온다
voi venite	[보이 베니떼]	너희들은 온다
loro vengono	[로로 벵고노]	그들/그녀들은 온다

33 동사로 말하는
이탈리아어
강력한 33개 동사로 시작하는 외국어!

---

iV-b02-1 ## Vengo subito.

[벵고 수비또.] 나는 곧 옵니다. (곧 가겠습니다.)

● **subito** [수비또] 즉시/곧, **più tardi** [삐우 따르디] 나중에.
Vengo più tardi. [벵고 삐우 따르디.] 나는 나중에 오겠습니다. (가겠습니다.)

---

iV-b02-2 ## Vengo dalla scuola.

[벵고 달라 스꾸올라.] 나는 학교에서 옵니다.

● **dalla** [달라]는 전치사 **da** + 정관사 **la**의 결합형,
la scuola [라 스꾸올라] 학교.

---

iV-b02-3 ## Vengo da Seul.

[벵고 다 서울.] 나는 서울에서 왔습니다.

● **da** [다] ~로부터. **venire** 동사 뒤에 전치사 **da**와 함께 도시명이 오면
'~도시 출신이다.'라는 의미입니다.

2nd. Part.
33 동사로 말하는 이탈리아어, **Best 30 동사**

2nd Part. 33 동사로 말하는 이탈리아어, **Best 30 동사**
(03) 나는 여행합니다.

❶ '나는 여행합니다.'는 이탈리아어로
Viaggio. [비앗지오.]입니다.

❷ **viaggio** [비앗지오]는 **viaggiare** [비앗지아레] (여행하다/여행가다)
동사의 1인칭 단수 형태입니다.

❸ **viaggio** 다음에 장소/시간/방법을 구체적으로 말할 수 있습니다.

❹ **viaggiare** 동사의 인칭별 변화형을 사용하여
다양한 문장을 만들 수 있습니다. 인칭별 변화형은 다음과 같습니다.
(의문문의 어순은 평서문과 같습니다. (주어) + 동사? : 주어 생략 가능)

io viaggio	[이오 비앗지오]	나는 여행한다
tu viaggi	[뚜 비앗지]	너는 여행한다
lui/lei/Lei viaggia	[루이/레이/레이 비앗지아]	그/그녀/당신은 여행한다
noi viaggiamo	[노이 비앗지아모]	우리들은 여행한다
voi viaggiate	[보이 비앗지아떼]	너희들은 여행한다
loro viaggiano	[로로 비앗지아노]	그들/그녀들은 여행한다

● Learn the Strong Verbs for the Foreign Language!

33 동사로 말하는
이탈리아어
강력한 33개 동사로 시작하는 외국어!

Italian

Part
2nd

iV-b03-1 **Viaggio spesso.**

[비앗지오 스뻬쏘.] 나는 자주 여행합니다.

● **spesso** [스뻬쏘] 자주, **da solo/a** [다 쏠로/라] 혼자서.
Viaggio da solo/a. [비앗지오 다 쏠로/라.] 나는 혼자서 여행합니다.

iV-b03-2 **Viaggio a Venezia.**

[비앗지오 아 베네찌아.] 나는 베니스로 여행갑니다.

● **a** [아] ~로/에서, **Venezia** [베네찌아] 베니스.

iV-b03-3 **Viaggio in treno.**

[비앗지오 인 뜨레노.] 나는 기차를 타고 여행을 합니다.

● **in** [인] ~에/~로. **in** + 교통수단은 '~으로 (타다)'입니다.
in treno [인 뜨레노] 기차로, **in autobus** [인 아우또부스]
버스로, **in aereo** [인 아에레오] 비행기로.

2nd. Part.
33 동사로 말하는 이탈리아어, **Best 30 동사**

2nd Part. 33 동사로 말하는 이탈리아어, Best 30 동사
(04) 나는 삽니다.

❶ '나는 삽니다.'는 이탈리아어로
Vivo. [비보.]입니다.

❷ **vivo** [비보]는 **vivere** [비베레] (거주하다) 동사의
1인칭 단수 형태입니다.

❸ **vivo** 다음에 장소를 넣어 구체적으로 말할 수 있습니다.

❹ **vivere** 동사의 인칭별 변화형을 사용하여
다양한 문장을 만들 수 있습니다. 인칭별 변화형은 다음과 같습니다.
(의문문의 어순은 평서문과 같습니다. (주어) + 동사? : 주어 생략 가능)

io vivo	[이오 비보]	나는 산다
tu vivi	[뚜 비비]	너는 산다
lui/lei/Lei vive	[루이/레이/레이 비베]	그/그녀/당신은 산다
noi viviamo	[노이 비비아모]	우리들은 산다
voi vivete	[보이 비베떼]	너희들은 산다
loro vivono	[로로 비보노]	그들/그녀들은 산다

● Learn the Strong Verbs for the Foreign Language!

33 동사로 말하는
이탈리아어
강력한 33개 동사로 시작하는 외국어!

Italian

Part
2nd

---

iV-b04-1   **Vivo qui.**

[비보 뀌.] 나는 여기에 삽니다.

● **qui** [뀌] 여기, **da solo/a** [다 쏠로/라] 혼자.
Vivo da solo/a. [비보 다 쏠로/라.] 나는 혼자 삽니다.

---

iV-b04-2   **Vivo a Bologna.**

[비보 아 볼로냐.] 나는 볼로냐에 삽니다.

● **a** [아] ~에. ~에 장소 이름을 넣으면 됩니다.
전치사 **a** 뒤에는 도시명이 오고, **in** 뒤에는 국가명이 옵니다.

---

iV-b04-3   **Vivo in città.**

[비보 인 치따.] 나는 도시에 삽니다.

● **in** [인] ~에, **la città** [라 치따] 도시, **la campagna** [라 깜빠냐] 시골.
Vivo in campagna. [비보 인 깜빠냐.]
나는 시골에 삽니다.

2nd. Part.
33 동사로 말하는 이탈리아어, **Best 30 동사**

2nd Part. 33 동사로 말하는 이탈리아어, Best 30 동사
(05) 나는 머뭅니다.

❶ '나는 머뭅니다.'는 이탈리아어로
Rimango. [리망고.]입니다.

❷ **rimango** [리망고]는 **rimanere** [리마네레] (머물다) 동사의
1인칭 단수 형태입니다.

❸ **rimango** 다음에 전치사구와 함께 장소/시간 등을
구체적으로 말할 수 있습니다.

❹ **rimanere** 동사의 인칭별 변화형을 사용하여
다양한 문장을 만들 수 있습니다. 인칭별 변화형은 다음과 같습니다.
(의문문의 어순은 평서문과 같습니다. (주어) + 동사? : 주어 생략 가능)

io rimango	[이오 리망고]	나는 머문다
tu rimani	[뚜 리마니]	너는 머문다
lui/lei/Lei rimane	[루이/레이/레이 리마네]	그/그녀/당신은 머문다
noi rimaniamo	[노이 리마니아모]	우리들은 머문다
voi rimanete	[보이 리마네떼]	너희들은 머문다
loro rimangono	[로로 리망고노]	그들/그녀들은 머문다

33 동사로 말하는
이탈리아어
강력한 33개 동사로 시작하는 외국어!

---

iV-b05-1 ## Rimango qua.

[리망고 꽈.] 나는 여기에 머뭅니다.

● **qua** [꽈] 여기.

---

iV-b05-2 ## Rimango a casa.

[리망고 아 까사.] 나는 집에 머뭅니다.

● **a** [아] ~에, **la casa** [라 까사] 집.

---

iV-b05-3 ## Rimango fino a domani.

[리망고 피노 아 도마니.] 나는 내일까지 머뭅니다.

● **fino a** [피노 아] ~까지, **domani** [도마니] 내일.

2nd. Part.
33 동사로 말하는 이탈리아어, **Best 30 동사**

2nd Part. 33 동사로 말하는 이탈리아어, Best 30 동사
(06) 나는 일합니다.

❶ '나는 일합니다.'는 이탈리아어로
Lavoro. [라보로.]입니다.

❷ **lavoro** [라보로]는 **lavorare** [라보라레] (일하다) 동사의
1인칭 단수 형태입니다.

❸ **lavoro** 다음에 장소/시간/방법을 구체적으로 말할 수 있습니다.

❹ **lavorare** 동사의 인칭별 변화형을 사용하여
다양한 문장을 만들 수 있습니다. 인칭별 변화형은 다음과 같습니다.
(의문문의 어순은 평서문과 같습니다. (주어) + 동사? : 주어 생략 가능)

io lavoro	[이오 라보로]	나는 일한다
tu lavori	[뚜 라보리]	너는 일한다
lui/lei/Lei lavora	[루이/레이/레이 라보라]	그/그녀/당신은 일한다
noi lavoriamo	[노이 라보리아모]	우리들은 일한다
voi lavorate	[보이 라보라떼]	너희들은 일한다
loro lavorano	[로로 라보라노]	그들/그녀들은 일한다

  33 Strong Verbs for Beginners!

● Learn the Strong Verbs for the Foreign Language!

33 동사로 말하는
이탈리아어
강력한 33개 동사로 시작하는 외국어!

Italian

Part
2nd

iV-b06-1   **Lavoro sodo.**

[라보로 소도.] 나는 열심히 일합니다.

● **sodo** [소도] 열심히.

iV-b06-2   **Lavoro a casa.**

[라보로 아 까사.] 나는 집에서 일합니다.

● **a** [아] ~에서, **la casa** [라 까사] 집.
'~에서 일하다/근무하다'는 전치사 **in**이나 **a**를 사용합니다.

iV-b06-3   **Lavoro in un negozio.**

[라보로 인 운 네고찌오.] 나는 상점에서 일합니다.

● **un** [운] 하나의/어떤 (부정관사), **il negozio** [일 네고찌오] 상점/가게

2nd. Part.
33 동사로 말하는 이탈리아어, **Best 30 동사**

 2nd Part. 33 동사로 말하는 이탈리아어, Best 30 동사
(07) 나는 줍니다.

❶ '나는 줍니다.'는 이탈리아어로
Do. [도.]입니다.

❷ **do** [도]는 **dare** [다레] (주다) 동사의 1인칭 단수 형태입니다.

❸ **do** 다음에 받는 대상/주는 무엇을 구체적으로 말할 수 있습니다.

❹ **dare** 동사의 인칭별 변화형을 사용하여
다양한 문장을 만들 수 있습니다. 인칭별 변화형은 다음과 같습니다.
(의문문의 어순은 평서문과 같습니다. (주어) + 동사? : 주어 생략 가능)

io do	[이오 도]	나는 준다
tu dai	[뚜 다이]	너는 준다
lui/lei/Lei dà	[루이/레이/레이 다]	그/그녀/당신은 준다
noi diamo	[노이 디아모]	우리들은 준다
voi date	[보이 다떼]	너희들은 준다
loro danno	[로로 단노]	그들/그녀들은 준다

Italian

33 동사로 말하는
이탈리아어
강력한 33개 동사로 시작하는 외국어!

Part
2nd

iV-b07-1 Do un regalo.
[도 운 레갈로.] 나는 하나의 선물을 줍니다.

● un/uno/una/un' [운/우노/우나/운] 어떤/하나의,
il regalo [일 레갈로] 선물.

iV-b07-2 Do una mano.
[도 우나 마노.] 나는 도움을 줍니다.

● **la mano** [라 마노] 손. '손을 주다', 즉 '도움을 주다' > '돕는다'가 됩니다.
ti [띠] 너에게, **mi** [미] 나에게
Ti do una mano. [띠 도 우나 마노.] 내가 너를 도와줄게.
Mi dai una mano? [미 다이 우나 마노?] 나 좀 도와줄래?

iV-b07-3 Do un consiglio.
[도 운 꼰실리오.] 나는 하나의 조언을 드립니다.

● **il consiglio** [일 꼰실리오] 충고/조언, **mi** [미] 나에게.
Mi dai un consiglio? [미 다이 운 꼰실리오?]
나에게 조언 하나 해줄래?

2nd. Part.
33 동사로 말하는 이탈리아어, **Best 30 동사**

2nd Part. 33 동사로 말하는 이탈리아어, Best 30 동사
(08) 나는 받습니다.

❶ '나는 받습니다.'는 이탈리아어로
Ricevo. [리체보.]입니다.

❷ ricevo [리체보]는 ricevere [리체베레] (받다) 동사의
1인칭 단수 형태입니다.

❸ ricevere 동사의 인칭별 변화형을 사용하여
다양한 문장을 만들 수 있습니다. 인칭별 변화형은 다음과 같습니다.
(의문문의 어순은 평서문과 같습니다. (주어) + 동사? : 주어 생략 가능)

io ricevo	[이오 리체보]	나는 받는다
tu ricevi	[뚜 리체비]	너는 받는다
lui/lei/Lei riceve	[루이/레이/레이 리체베]	그/그녀/당신은 받는다
noi riceviamo	[노이 리체비아모]	우리들은 받는다
voi ricevete	[보이 리체베떼]	너희들은 받는다
loro ricevono	[로로 리체보노]	그들/그녀들은 받는다

33 동사로 말하는
이탈리아어
강력한 33개 동사로 시작하는 외국어!

Italian

Part 2nd

---

iV-b08-1 ## Ricevo un messaggio.

[리체보 운 멧싸지오.] 나는 메시지 하나를 받습니다.

● **un/uno/una/un'** [운/우노/우나/운] 어떤/하나의,
il messaggio [일 멧싸지오] 메시지.

---

iV-b08-2 ## Ricevo una chiamata.

[리체보 우나 끼아마따.] 나는 전화를 받습니다.

● **la chiamata** [라 끼아마따] 호출, **gli** [리] 남성 정관사 복수형,
l'ospite [로스삐떼] 손님.
Ricevo gli ospiti. [리체보 리 오스삐띠.] 나는 손님을 받습니다.

---

iV-b08-3 ## Ricevo lo stipendio.

[리체보 로 스띠뻰디오.] 나는 급여를 받습니다.

● **lo stipendio** [로 스띠뻰디오] 급여, **molto** [몰또] 많은,
il regalo [일 레갈로] 선물. **Ricevo molti regali.**
[리체보 몰띠 레갈리.] 나는 많은 선물을 받습니다.

2nd. Part.
33 동사로 말하는 이탈리아어, Best 30 동사

2nd Part. 33 동사로 말하는 이탈리아어, Best 30 동사
(09) 나는 봅니다.

❶ '나는 봅니다.'는 이탈리아어로
Guardo. [구아르도.]입니다.

❷ guardo [구아르도]는 guardare [구아르다레] (보다) 동사의
1인칭 단수 형태입니다.

❸ guardo 다음에 대상을 구체적으로 말할 수 있습니다.

❹ guardare 동사의 인칭별 변화형을 사용하여
다양한 문장을 만들 수 있습니다. 인칭별 변화형은 다음과 같습니다.
(의문문의 어순은 평서문과 같습니다. (주어) + 동사? : 주어 생략 가능)

io guardo	[이오 구아르도]	나는 본다
tu guardi	[뚜 구아르디]	너는 본다
lui/lei/Lei guarda	[루이/레이/레이 구아르다]	그/그녀/당신은 본다
noi guardiamo	[노이 구아르디아모]	우리들은 본다
voi guardate	[보이 구아르다떼]	너희들은 본다
loro guardano	[로로 구아르다노]	그들/그녀들은 본다

33 동사로 말하는
이탈리아어
강력한 33개 동사로 시작하는 외국어!

Italian

Part 2nd

iV-b09-1 **Guardo la TV.**

[구아르도 라 티부.] 나는 **TV**를 봅니다.

● **la TV** [라 티부] TV.

iV-b09-2 **Guardo spesso film.**

[구아르도 스뻬쏘 필름.] 나는 영화를 자주 봅니다.

● **spesso** [스뻬쏘] 자주, **il film** [일 필름] 영화.

iV-b09-3 **Lo guardo attentamente.**

[로 구아르도 아뗀따멘떼.] 나는 그것을 주의깊게 봅니다.

● **lo** [로] 그것, (목적격 대명사는 동사 앞에 위치 시킵니다.)
attentamente [아뗀따멘떼] 주의깊게.

2nd. Part.
33 동사로 말하는 이탈리아어, **Best 30 동사**

2nd Part. 33 동사로 말하는 이탈리아어, **Best 30 동사**
(10) 나는 듣습니다.

❶ '나는 듣습니다.'는 이탈리아어로
Sento. [센또.]입니다.

❷ sento [센또]는 sentire [센띠레] (듣다) 동사의 1인칭 단수 형태입니다.

❸ sento 다음에 대상/방법을 구체적으로 말할 수 있습니다.

❹ sentire 동사의 인칭별 변화형을 사용하여
다양한 문장을 만들 수 있습니다. 인칭별 변화형은 다음과 같습니다.
(의문문의 어순은 평서문과 같습니다. (주어) + 동사? : 주어 생략 가능)

io sento	[이오 센또]	나는 듣는다
tu senti	[뚜 센띠]	너는 듣는다
lui/lei/Lei sente	[루이/레이/레이 센떼]	그/그녀/당신은 듣는다
noi sentiamo	[노이 센띠아모]	우리들은 듣는다
voi sentite	[보이 센띠떼]	너희들은 듣는다
loro sentono	[로로 센또노]	그들/그녀들은 듣는다

● Learn the Strong Verbs for the Foreign Language!

33 동사로 말하는
이탈리아어
강력한 33개 동사로 시작하는 외국어!

Italian

Part
2nd

---

iV-b10-1 **Mi senti?**

[미 센띠?] 너 내 말 들리니? (전화통화 할 때)

● mi [미] 나를, ti [띠] 너를, bene [베네] 잘.
Sì, ti sento bene. [씨, 띠 센또 베네.] 그래, 네 말 잘 들려.
No, non ti sento bene. [노, 논 띠 센또 베네.] 아니, 네 말 잘들리지 않아.

---

iV-b10-2 **Non sento la tua voce.**

[논 센또 라 뚜아 보체.] 너의 목소리가 들리지 않는다.

● non [논] ~않다, tua [뚜아] 너의, la voce [라 보체] 목소리.
tua는 2인칭 단수 소유형용사로 단수형 여성명사 앞에 옵니다.

---

iV-b10-3 **Sento un rumore.**

[센또 운 루모레.] 나는 소음을 듣습니다.

● il rumore [일 루모레] 소음.
나는 소음을 듣습니다. > 소음이 들립니다.

2nd. Part.
33 동사로 말하는 이탈리아어, **Best 30 동사**

2nd Part. 33 동사로 말하는 이탈리아어, Best 30 동사
(11) 나는 먹습니다.

❶ '나는 먹습니다.'는 이탈리아어로
Mangio. [만죠.]입니다.

❷ **mangio** [만죠]는 **mangiare** [만쟈레] (먹다) 동사의
1인칭 단수 형태입니다.

❸ **mangio** 다음에 대상/방법을 구체적으로 말할 수 있습니다.

❹ **mangiare** 동사의 인칭별 변화형을 사용하여
다양한 문장을 만들 수 있습니다. 인칭별 변화형은 다음과 같습니다.
(의문문의 어순은 평서문과 같습니다. (주어) + 동사? : 주어 생략 가능)

io mangio	[이오 만죠]	나는 먹는다
tu mangi	[뚜 만지]	너는 먹는다
lui/lei/Lei mangia	[루이/레이/레이 만쟈]	그/그녀/당신은 먹는다
noi mangiamo	[노이 만쟈모]	우리들은 먹는다
voi mangiate	[보이 만쟈떼]	너희들은 먹는다
loro mangiano	[로로 만쟈노]	그들/그녀들은 먹는다

33 동사로 말하는
이탈리아어
강력한 33개 동사로 시작하는 외국어!

Italian

Part
2nd

---

iV-b11-1 **Mangio la pizza.**
[만죠 라 핏짜.] 나는 피자를 먹습니다.

● **la pizza** [라 핏짜] 피자, **la fetta** [라 펫따] 조각, **di** [디] ~의,
la torta [라 또르따] 케익. **Mangio una fetta di torta.**
[만죠 우나 펫따 디 또르따.] 나는 케익 한 조각을 먹습니다.

---

iV-b11-2 **Non mangio carne.**
[논 만죠 까르네.] 나는 고기를 먹지 않습니다.

● **non** [논] ~않다, **la carne** [라 까르네] 고기, **il pesce** [일 뻬쉐] 생선.

---

iV-b11-3 **Mangio in fretta.**
[만죠 인 프렛따.] 나는 서둘러(빨리) 먹습니다.

● **la fretta** [라 프렛따] 서두름/급함, **in fretta** [인 프렛따] 서둘러서.

2nd. Part.
33 동사로 말하는 이탈리아어, **Best 30 동사**

2nd Part. 33 동사로 말하는 이탈리아어, Best 30 동사
(12) 나는 마십니다.

❶ '나는 마십니다.'는 이탈리아어로
Bevo. [베보.]입니다.

❷ **bevo** [베보]는 **bere** [베레] (마시다) 동사의 1인칭 단수 형태입니다.

❸ **bevo** 다음에 대상/방법을 구체적으로 말할 수 있습니다.

❹ **bere** 동사의 인칭별 변화형을 사용하여
다양한 문장을 만들 수 있습니다. 인칭별 변화형은 다음과 같습니다.
(의문문의 어순은 평서문과 같습니다. (주어) + 동사? : 주어 생략 가능)

io bevo	[이오 베보]	나는 마신다
tu bevi	[뚜 베비]	너는 마신다
lui/lei/Lei beve	[루이/레이/레이 베베]	그/그녀/당신은 마신다
noi beviamo	[노이 베비아모]	우리들은 마신다
voi bevete	[보이 베베떼]	너희들은 마신다
loro bevono	[로로 베보노]	그들/그녀들은 마신다

● Learn the Strong Verbs for the Foreign Language!

33 동사로 말하는
이탈리아어
강력한 33개 동사로 시작하는 외국어!

Italian

Part
2nd

iV-b12-1 **Bevo acqua.**

[베보 악꾸아.] 나는 물을 마십니다.

● l'acqua [락꾸아] 물, il tè [일 떼] 차.

iV-b12-2 **Bevo troppi caffè.**

[베보 뜨롭삐 까페.] 나는 커피를 너무 많이 마십니다.

● troppo [뜨롭뽀] 너무 많은, il caffè [일 카페] 커피.

iV-b12-3 **Non bevo vino.**

[논 베보 비노.] 나는 와인을 마시지 않습니다.

● il vino [일 비노] 와인, l'alcol [랄콜] 술, la birra [라 비라] 맥주.

2nd. Part.
33 동사로 말하는 이탈리아어, **Best 30 동사**

2nd Part. 33 동사로 말하는 이탈리아어, Best 30 동사
(13) 나는 읽습니다.

❶ '나는 읽습니다.'는 이탈리아어로
Leggo. [렉고.]입니다.

❷ **leggo** [렉고]는 **leggere** [렛제레] (읽다) 동사의 1인칭 단수 형태입니다.

❸ **leggo** 다음에 대상/방법을 구체적으로 말할 수 있습니다.

❹ **leggere** 동사의 인칭별 변화형을 사용하여
다양한 문장을 만들 수 있습니다. 인칭별 변화형은 다음과 같습니다.
(의문문의 어순은 평서문과 같습니다. (주어) + 동사? : 주어 생략 가능)

io leggo	[이오 렉고]	나는 읽는다
tu leggi	[뚜 렛지]	너는 읽는다
lui/lei/Lei legge	[루이/레이/레이 렛제]	그/그녀/당신은 읽는다
noi leggiamo	[노이 렛지아모]	우리들은 읽는다
voi leggete	[보이 렛제떼]	너희들은 읽는다
loro leggono	[로로 렉고노]	그들/그녀들은 읽는다

33 Strong Verbs for Beginners!

Learn the Strong Verbs for the Foreign Language!

33 동사로 말하는 이탈리아어

강력한 33개 동사로 시작하는 외국어!

Italian — Part 2nd

iV-b13-1 Leggo spesso.
[렉고 스뻬쏘.] 나는 자주 읽습니다.

● spesso [스뻬쏘] 자주, ogni giorno [온니 죠르노] 매일.
Leggo ogni giorno. [렉고 온니 죠르노] 나는 매일 독서를 합니다.

iV-b13-2 Leggo il giornale.
[렉고 일 죠르날레.] 나는 신문을 읽습니다.

● il giornale [일 죠르날레] 신문, il libro [일 리브로] 책.

iV-b13-3 Leggo a voce alta.
[렉고 아 보체 알따.] 나는 큰 목소리로 소리내어 읽습니다.

● a voce alta [아 보체 알따] 큰 목소리로, la voce [라 보체] 목소리,
alto [알또] 높은, a [아] ~로.

33 Strong Verbs for Beginners!   This booklet contains a list of 33 strong verbs to help you learn the foreign language.   43

2nd. Part.
33 동사로 말하는 이탈리아어, **Best 30 동사**

2nd Part. 33 동사로 말하는 이탈리아어, Best 30 동사
(14) 나는 씁니다.

❶ '나는 씁니다.'는 이탈리아어로
Scrivo. [스끄리보.]입니다.

❷ scrivo [스끄리보]는 scrivere [스끄리베레] (쓰다) 동사의
1인칭 단수 형태입니다.

❸ scrivo 다음에 대상/방법을 구체적으로 말할 수 있습니다.

❹ scrivere 동사의 인칭별 변화형을 사용하여
다양한 문장을 만들 수 있습니다. 인칭별 변화형은 다음과 같습니다.
(의문문의 어순은 평서문과 같습니다. (주어) + 동사? : 주어 생략 가능)

io scrivo	[이오 스끄리보]	나는 쓴다
tu scrivi	[뚜 스끄리비]	너는 쓴다
lui/lei/Lei scrive	[루이/레이/레이 스끄리베]	그/그녀/당신은 쓴다
noi scriviamo	[노이 스끄리비아모]	우리들은 쓴다
voi scrivete	[보이 스끄리베떼]	너희들은 쓴다
loro scrivono	[로로 스끄리보노]	그들/그녀들은 쓴다

Learn the Strong Verbs for the Foreign Language!

33 동사로 말하는
이탈리아어
강력한 33개 동사로 시작하는 외국어!

Italian

Part
2nd

iV-b14-1 **Scrivo un'e-mail.**
[스끄리보 운이메일.] 나는 하나의 이메일을 씁니다.

● l'e-mail [리메일] 이메일.

iV-b14-2 **Scrivo un messaggio.**
[스끄리보 운 메싸지오.] 나는 하나의 메시지(문자)를 씁니다.

● il messaggio [일 메싸지오] 메시지(문자).

iV-b14-3 **Scrivo con il computer.**
[스끄리보 꼰일 꼼퓨테르.] 나는 컴퓨터를 사용하여 씁니다.

● con [꼰] ~으로, il computer [일 꼼퓨테르] 컴퓨터,
a mano [아 마노] 손으로.
Scrivo a mano. [스끄리보 아 마노.] 나는 손으로 글을 씁니다.

2nd. Part.
33 동사로 말하는 이탈리아어, **Best 30 동사**

 2nd Part. 33 동사로 말하는 이탈리아어, **Best 30 동사**
(15) 나는 배웁니다.

❶ '나는 배웁니다.'는 이탈리아어로
Imparo. [임빠로.]입니다.

❷ imparo [임빠로]는 imparare [임빠라레] (배우다) 동사의
1인칭 단수 형태입니다.

❸ imparo 다음에 대상/방법을 구체적으로 말할 수 있습니다.

❹ **imparare** 동사의 인칭별 변화형을 사용하여
다양한 문장을 만들 수 있습니다. 인칭별 변화형은 다음과 같습니다.
(의문문의 어순은 평서문과 같습니다. (주어) + 동사? : 주어 생략 가능)

io imparo	[이오 임빠로]	나는 배운다
tu impari	[뚜 임빠리]	너는 배운다
lui/lei/Lei impara	[루이/레이/레이 임빠라]	그/그녀/당신은 배운다
noi impariamo	[노이 임빠리아모]	우리들은 배운다
voi imparate	[보이 임빠라떼]	너희들은 배운다
loro imparano	[로로 임빠라노]	그들/그녀들은 배운다

 33 STRONG VERBS FOR BEGINNERS!

33 동사로 말하는
이탈리아어
강력한 33개 동사로 시작하는 외국어!

Italian

Part
2nd

---

iV-b15-1 Imparo l'italiano.
[임빠로 리딸리아노.] 나는 이탈리아어를 배웁니다.

● l'italiano [리딸리아노] 이탈리아어, l'inglese [링글레제] 영어.
Imparo l'inglese. [임빠로 링글레제.] 나는 영어를 배웁니다.

---

iV-b15-2 Imparo a leggere.
[임빠로 아 렛제레.] 나는 읽는 것을 배웁니다.

● a [아] ~하는 것을, leggere [렛제레] 읽다.
Imparare a + 동사원형.은 '~하는 것을 배우다.'라는 뜻입니다.

---

iV-b15-3 Imparo a rispettare le regole.
[임빠로 아 리스뻬따레 레 레골레.] 나는 규칙을 지키는 것을 배웁니다.

● rispettare [리스뻬따레] 존중하다/지키다, la regola [라 레골라] 규칙.

2nd. Part.
33 동사로 말하는 이탈리아어, **Best 30 동사**

2nd Part. 33 동사로 말하는 이탈리아어, Best 30 동사
(16) 나는 공부합니다.

❶ '나는 공부합니다.'는 이탈리아어로
Studio. [스뚜디오.]입니다.

❷ studio [스뚜디오]는 studiare [스뚜디아레] (공부하다) 동사의
1인칭 단수 형태입니다.

❸ studio 다음에 대상/방법을 구체적으로 말할 수 있습니다.

❹ studiare 동사의 인칭별 변화형을 사용하여
다양한 문장을 만들 수 있습니다. 인칭별 변화형은 다음과 같습니다.
(의문문의 어순은 평서문과 같습니다. (주어) + 동사? : 주어 생략 가능)

io studio	[이오 스뚜디오]	나는 공부한다
tu studi	[뚜 스뚜디]	너는 공부한다
lui/lei/Lei studia	[루이/레이/레이 스뚜디아]	그/그녀/당신은 공부한다
noi studiamo	[노이 스뚜디아모]	우리들은 공부한다
voi studiate	[보이 스뚜디아떼]	너희들은 공부한다
loro studiano	[로로 스뚜디아노]	그들/그녀들은 공부한다

● Learn the Strong Verbs for the Foreign Language!

33 동사로 말하는
이탈리아어
강력한 33개 동사로 시작하는 외국어!

Italian

Part
2nd

iV-b16-1 **Studio economia.**

[스뚜디오 에꼬노미아.] 나는 경제학을 공부합니다.

● l'economia [레꼬노미아] 경제학, la linguistica [라 링귀스띠까] 언어학.
Studio linguistica. [스뚜디오 링귀스띠까.] 나는 언어학을 공부합니다.

iV-b16-2 **Studio musica in Italia.**

[스뚜디오 무지까 인 이딸리아.] 나는 이탈리아에서 음악을 공부합니다.

● la musica [라 무지까] 음악, in [인] ~에서.

iV-b16-3 **Studio italiano a casa.**

[스뚜디오 이딸리아노 아 까사.]
나는 집에서 이탈리아어를 공부합니다.

● l'italiano [리딸리아노] 이탈리아어, la casa [라 까사] 집,
a [아] ~에서.

2nd. Part.
33 동사로 말하는 이탈리아어, **Best 30 동사**

2nd Part. 33 동사로 말하는 이탈리아어, Best 30 동사
(17) 나는 말합니다.

❶ '나는 말하다.'는 이탈리아어로
Dico. [디꼬.]입니다.

❷ dico [디꼬]는 dire [디레] (말하다)
동사의 1인칭 단수 형태입니다.

❸ dico 다음에 대상/방법을 구체적으로 말할 수 있습니다.

❹ dire 동사의 인칭별 변화형을 사용하여
다양한 문장을 만들 수 있습니다. 인칭별 변화형은 다음과 같습니다.
(의문문의 어순은 평서문과 같습니다. (주어) + 동사? : 주어 생략 가능)

io dico	[이오 디꼬]	나는 말한다
tu dici	[뚜 디치]	너는 말한다
lui/lei/Lei dice	[루이/레이/레이 디체]	그/그녀/당신은 말한다
noi diciamo	[노이 디치아모]	우리들은 말한다
voi dite	[보이 디떼]	너희들은 말한다
loro dicono	[로로 디꼬노]	그들/그녀들은 말한다

33 Strong Verbs for Beginners!

● Learn the Strong Verbs for the Foreign Language!

33 동사로 말하는
이탈리아어
강력한 33개 동사로 시작하는 외국어!

Italian

Part
2nd

iV-b17-1 **Dico tutto.**
[디꼬 뚜또.] 나는 모든 것을 말합니다.

● **tutto** [뚜또] 모든 것, **nulla** [눌라] 아무것도 아니다.
Non dico nulla. [논 디꼬 눌라.] 나는 아무것도 말하지 않습니다.

iV-b17-2 **Dico la verità.**
[디꼬 라 베리따.] 나는 진실을 말한다.

● **la verità** [라 베리따] 진실.

iV-b17-3 **Dico le bugie.**
[디꼬 레 부지에.] 나는 거짓을 말합니다.

● **la bugia** [라 부지아] 거짓.

2nd. Part.
33 동사로 말하는 이탈리아어, **Best 30 동사**

2nd Part. 33 동사로 말하는 이탈리아어, Best 30 동사
(18) 나는 말합니다.

❶ '나는 말합니다.'는 이탈리아어로
Parlo. [빠를로.]입니다.

❷ **parlo** [빠를로]는 **parlare** [빠를라레] (말하다)
동사의 1인칭 단수 형태입니다.

❸ **dire**(말하다)와 **parlare**의 차이점은 **dire**는 타동사이기 때문에 동사 뒤에 목적어가 와야 하고, **parlare**는 '언어를 말하다'를 제외한 나머지 경우에, 자동사이기 때문에 보통 '~에 대하여'란 의미의 전치사 **di**와 함께 옵니다.

❹ **parlare** 동사의 인칭별 변화형을 사용하여 다양한 문장을 만들 수 있습니다. 인칭별 변화형은 다음과 같습니다. (의문문의 어순은 평서문과 같습니다. (주어) + 동사? : 주어 생략 가능)

io parlo	[이오 빠를로]	나는 말한다
tu parli	[뚜 빠를리]	너는 말한다
lui/lei/Lei parla	[루이/레이/레이 빠를라]	그/그녀/당신은 말한다
noi parliamo	[노이 빠를리아모]	우리들은 말한다
voi parlate	[보이 빠를라떼]	너희들은 말한다
loro parlano	[로로 빠를라노]	그들/그녀들은 말한다

33 동사로 말하는
이탈리아어
강력한 33개 동사로 시작하는 외국어!

---

iV-b18-1 ⊙ ## Parlo italiano.
[빠를로 이딸리아노.] 나는 이탈리아어를 말합니다. (할 줄 안다.)

● **l'italiano** [리딸리아노] 이탈리아어. 언어를 말하다(할 줄 안다)라는 의미의 타동사로서 쓰일 때는 **parlare** 뒤의 언어명의 정관사는 생략합니다.

---

iV-b18-2 ⊙ ## Parlo coreano.
[빠를로 꼬레아노.] 나는 한국어를 말합니다.

● **il coreano** [일 꼬레아노] 한국어, **il cinese** [일 치네제] 중국어.

---

iV-b18-3 ⊙ ## Parlo in italiano.
[빠를로 인 이딸리아노.] 나는 이탈리아어로 말합니다.

● **in** [인] ~으로. **parlare** 뒤에 전치사 **in**과 함께 언어명을 쓰고 자동사로서 쓰일 수도 있습니다.

2nd. Part.
33 동사로 말하는 이탈리아어, **Best 30 동사**

2nd Part. 33 동사로 말하는 이탈리아어, Best 30 동사
(19) 나는 설명합니다.

❶ '나는 설명합니다.'는 이탈리아어로
Spiego. [스삐에고.]입니다.

❷ spiego [스삐에고]는 spiegare [스삐에가레] (설명하다) 동사의
1인칭 단수 형태입니다.

❸ **spiego** 다음에 대상/방법을 구체적으로 말할 수 있습니다.

❹ **spiegare** 동사의 인칭별 변화형을 사용하여
다양한 문장을 만들 수 있습니다. 인칭별 변화형은 다음과 같습니다.
(의문문의 어순은 평서문과 같습니다. (주어) + 동사? : 주어 생략 가능)

io spiego	[이오 스삐에고]	나는 설명한다
tu spieghi	[뚜 스삐에기]	너는 설명한다
lui/lei/Lei spiega	[루이/레이/레이 스삐에가]	그/그녀/당신은 설명한다
noi spieghiamo	[노이 스삐에기아모]	우리들은 설명한다
voi spiegate	[보이 스삐에가떼]	너희들은 설명한다
loro spiegano	[로로 스삐에가노]	그들/그녀들은 설명한다

Learn the Strong Verbs for the Foreign Language!

Italian

33 동사로 말하는
이탈리아어
강력한 33개 동사로 시작하는 외국어!

Part
2nd

iV-b19-1　Spiego le opere di Dante.

[스삐에고 레 오뻬레 디 단테.] 나는 단테의 작품들에 대해 설명합니다.

● l'opera [로뻬라] 작품, di [디] ~의, Dante [단테] 단테.

iV-b19-2　Ti spiego la ragione.

[띠 스삐에고 라 라죠네.] 나는 너에게 이유를 설명한다.

● ti [띠] 너에게, la ragione [라 라죠네] 이유.

iV-b19-3　Spiego il significato di una parola.

[스삐에고 일 씨그니피까또 디 우나 빠롤라.]
나는 한 단어의 의미를 설명합니다.

● il significato [일 씨그니피까또] 의미, di [디] ~의,
la parola [라 빠롤라] 단어.

2nd. Part.
33 동사로 말하는 이탈리아어, **Best 30 동사**

2nd Part. 33 동사로 말하는 이탈리아어, Best 30 동사
(20) 나는 압니다.

❶ '나는 압니다.'는 이탈리아어로
So. [소.]입니다.

❷ so [소]는 sapere [사뻬레] (알다) 동사의 1인칭 단수 형태입니다.

❸ so 다음에 대상을 구체적으로 말할 수 있습니다.

❹ sapere 동사의 인칭별 변화형을 사용하여
다양한 문장을 만들 수 있습니다. 인칭별 변화형은 다음과 같습니다.
(의문문의 어순은 평서문과 같습니다. (주어) + 동사? : 주어 생략 가능)

io so	[이오 소]	나는 안다
tu sai	[뚜 사이]	너는 안다
lui/lei/Lei sa	[루이/레이/레이 사]	그/그녀/당신은 안다
noi sappiamo	[노이 삽삐아모]	우리들은 안다
voi sapete	[보이 사뻬떼]	너희들은 안다
loro sanno	[로로 산노]	그들/그녀들은 안다

● Learn the Strong Verbs for the Foreign Language!

33 동사로 말하는
이탈리아어

강력한 33개 동사로 시작하는 외국어!

Italian

Part
2nd

iV-b20-1 So il francese.

[소 일 프란체제.] 나는 프랑스어를 압니다.

● il francese [일 프란체제] 프랑스어. sapere 동사 뒤에 정관사와 함께 언어명이 나오면, 그 언어를 할 줄 안다란 의미로 쓰일 수 있습니다.

iV-b20-2 Non so niente.

[논 소 니엔떼.] 나는 아무것도 알지 못합니다.

● non [논] ~않다, niente [니엔떼] 전혀 ~않다.

iV-b20-3 So guidare la macchina.

[소 구이다레 라 막끼나.] 나는 자동차를 운전할 줄 안다.

● guidare [구이다레] 운전하다, la macchina [라 막끼나] 자동차. sapere 동사 뒤에 바로 동사원형이 와서 '~할 줄 안다'라는 의미로 쓰일 수 있습니다.

2nd. Part.
33 동사로 말하는 이탈리아어, **Best 30 동사**

2nd Part. 33 동사로 말하는 이탈리아어, Best 30 동사
(21) 나는 이해합니다.

❶ '나는 이해합니다.'는 이탈리아어로
Capisco. [까삐스꼬.]입니다.

❷ capisco [까삐스꼬]는 capire [까삐레] (이해하다) 동사의
1인칭 단수 형태입니다.

❸ capisco 다음에 대상/방법을 구체적으로 말할 수 있습니다.

❹ capire 동사의 인칭별 변화형을 사용하여
다양한 문장을 만들 수 있습니다. 인칭별 변화형은 다음과 같습니다.
(의문문의 어순은 평서문과 같습니다. (주어) + 동사? : 주어 생략 가능)

io capisco	[이오 까삐스꼬]	나는 이해한다
tu capisci	[뚜 까삐쉬]	너는 이해한다
lui/lei/Lei capisce	[루이/레이/레이 까삐셰]	그/그녀/당신은 이해한다
noi capiamo	[노이 까삐아모]	우리들은 이해한다
voi capite	[보이 까삐떼]	너희들은 이해한다
loro capiscono	[로로 까삐스꼬노]	그들/그녀들은 이해한다

● Learn the Strong Verbs for the Foreign Language!

33 동사로 말하는
이탈리아어
강력한 33개 동사로 시작하는 외국어!

Italian

Part
2nd

iV-b21-1 **Non capisco.**

[논 까삐스꼬.] 나는 이해하지 못합니다.

● non [논] ~않다, niente [니엔떼] 전혀 ~않다.
Non capisco niente. [논 까삐스꼬 니엔떼.] 나는 전혀 이해하지 못합니다.

iV-b21-2 **Ti capisco bene.**

[띠 까삐스꼬 베네.] 나는 너를 잘 이해한다.

● ti [띠] 너를, bene [베네] 잘.

iV-b21-3 **Mi capisci?**

[미 까삐쉬?] 나를 이해하니?(내 말 알겠어?)

● 위의 문장에 대한 대답으로 직접목적격 대명사를 사용하여
Sì, ti capisco. [씨, 띠 까삐스꼬.] 응, 너 이해해.
라고 대답할 수 있습니다.

2nd. Part.

33 동사로 말하는 이탈리아어, **Best 30 동사**

2nd Part. 33 동사로 말하는 이탈리아어, Best 30 동사
(22) 나는 전화합니다.

❶ '나는 전화를 합니다.'는 이탈리아어로
Chiamo. [끼아모.]입니다.

❷ **chiamo** [끼아모]는 **chiamare** [끼아마레] (전화하다/부르다) 동사의
1인칭 단수 형태입니다.

❸ **chiamo** 다음에 대상/방법을 구체적으로 말할 수 있습니다.

❹ **chiamare** 동사의 인칭별 변화형을 사용하여
다양한 문장을 만들 수 있습니다. 인칭별 변화형은 다음과 같습니다.
(의문문의 어순은 평서문과 같습니다. (주어) + 동사? : 주어 생략 가능)

io chiamo	[이오 끼아모]	나는 전화한다
tu chiami	[뚜 끼아미]	너는 전화한다
lui/lei/Lei chiama	[루이/레이/레이 끼아마]	그/그녀/당신은 전화한다
noi chiamiamo	[노이 끼아미아모]	우리들은 전화한다
voi chiamate	[보이 끼아마떼]	너희들은 전화한다
loro chiamano	[로로 끼아마노]	그들/그녀들은 전화한다

● Learn the Strong Verbs for the Foreign Language!

33 동사로 말하는
이탈리아어
강력한 33개 동사로 시작하는 외국어!

Italian

Part
2nd

iV-b22-1 **Fra un po' chiamo Marco.**

[프라 운 뽀 끼아모 마르꼬.] 나는 잠시 뒤에 마르코를 부릅니다.

● **fra** [프라] 사이에, **fra un po'** [프라 운 뽀] 잠시 뒤에.
po' [뽀]는 **poco** [뽀꼬] '소량/짧은 시간'의 축소형입니다.
나는 마르코를 부릅니다. > 나는 마르코에게 전화합니다.

iV-b22-2 **Ti chiamo.**

[띠 끼아모.] 너에게 전화할게.

● **ti** [띠] 너를, **lo** [로] 그를.
Lo chiamo. [로 끼아모.] 나는 그를 부릅니다. (나는 그에게 전화합니다.)

iV-b22-3 **La chiamo più tardi.**

[라 끼아모 삐우 따르디.] 당신께 나중에 전화드리겠습니다.

● **La** [라] 당신을, **più** [삐우] 더, **tardi** [따르디] 나중에

2nd. Part.
33 동사로 말하는 이탈리아어, **Best 30 동사**

2nd Part. 33 동사로 말하는 이탈리아어, Best 30 동사
(23) 나는 찾습니다.

❶ '나는 찾습니다.'는 이탈리아어로
Cerco. [체르꼬.]입니다.

❷ **cerco** [체르꼬]는 **cercare** [체르까레] (찾다) 동사의
1인칭 단수 형태입니다.

❸ **cerco** 다음에 대상/방법을 구체적으로 말할 수 있습니다.

❹ **cercare** 동사의 인칭별 변화형을 사용하여
다양한 문장을 만들 수 있습니다. 인칭별 변화형은 다음과 같습니다.
(의문문의 어순은 평서문과 같습니다. (주어) + 동사? : 주어 생략 가능)

io cerco	[이오 체르꼬]	나는 찾는다
tu cerchi	[뚜 체르끼]	너는 찾는다
lui/lei/Lei cerca	[루이/레이/레이 체르까]	그/그녀/당신은 찾는다
noi cerchiamo	[노이 체르끼아모]	우리들은 찾는다
voi cercate	[보이 체르까떼]	너희들은 찾는다
loro cercano	[로로 체르까노]	그들/그녀들은 찾는다

● Learn the Strong Verbs for the Foreign Language!

33 동사로 말하는
이탈리아어
강력한 33개 동사로 시작하는 외국어!

Italian

Part
2nd

iV-b23-1 **Cerco un albergo.**
[체르꼬 운 알베르고.] 나는 호텔 하나를 찾습니다.

● un [운] 하나의 (부정관사), **l'albergo** [랄베르고] 호텔.

iV-b23-2 **Cerco lavoro in Italia.**
[체르꼬 라보로 인 이딸리아.] 나는 이탈리아에서 직업를 찾고 있습니다.

● **il lavoro** [일 라보로] 일, **in** [인] ~에서, **l'Italia** [리딸리아] 이탈리아.

iV-b23-3 **Cerco di dormire presto.**
[체르꼬 디 도르미레 프레스또.] 나는 일찍 자려고 노력합니다.

● **di** [디] ~하려고, **dormire** [도르미레] 잠자다, **presto** [쁘레스또] 일찍.
cercare di + 동사원형은 '~하려고 노력하다'라는 의미의
숙어입니다.

2nd. Part.
33 동사로 말하는 이탈리아어, **Best 30 동사**

2nd Part. 33 동사로 말하는 이탈리아어, Best 30 동사
(24) 나는 취합니다.

❶ '나는 취합니다/택합니다.'는 이탈리아어로
Prendo. [쁘렌도.]입니다.

❷ **prendo** [쁘렌도]는 **prendere** [쁘렌데레] (잡다/받다/취하다/이용하다/
복용하다/먹다) 동사의 1인칭 단수 형태입니다.

❸ **prendo** 다음에 대상/방법을 구체적으로 말할 수 있습니다.

❹ **prendere** 동사의 인칭별 변화형을 사용하여
다양한 문장을 만들 수 있습니다. 인칭별 변화형은 다음과 같습니다.
(의문문의 어순은 평서문과 같습니다. (주어) + 동사? : 주어 생략 가능)

io prendo	[이오 쁘렌도]	나는 취한다
tu prendi	[뚜 쁘렌디]	너는 취한다
lui/lei/Lei prende	[루이/레이/레이 쁘렌데]	그/그녀/당신은 취한다
noi prendiamo	[노이 쁘렌디아모]	우리들은 취한다
voi prendete	[보이 쁘렌데떼]	너희들은 취한다
loro prendono	[로로 쁘렌도노]	그들/그녀들은 취한다

● Learn the Strong Verbs for the Foreign Language!

33 동사로 말하는
이탈리아어
강력한 33개 동사로 시작하는 외국어!

Italian

Part
2nd

---

iV-b24-1 ## Lo prendo.
[로 쁘렌도.] 나는 그것을 취합니다.

● **lo** [로] 그것을.

---

iV-b24-2 ## Prendo il treno.
[쁘렌도 일 뜨레노.] 나는 기차를 탑니다.

● **il treno** [일 뜨레노] 기차, **la macchina** [라 막끼나] 자동차.
Prendi la macchina? [쁘렌디 라 막끼나?] 너는 자동차 타고 가니?

---

iV-b24-3 ## Prendo la pillola per il mal di testa.
[쁘렌도 라 삘롤라 뻬르 일 말 디 떼스따.]
나는 두통을 위한 알약을 복용합니다.

● **la pillola** [라 삘롤라] 알약, **per** [뻬르] ~위한,
il mal di testa [일 말 디 떼스따] 두통.

2nd. Part.
33 동사로 말하는 이탈리아어, **Best 30 동사**

2nd Part. 33 동사로 말하는 이탈리아어, **Best 30 동사**
(25) 나는 사용합니다.

❶ '나는 사용합니다.'는 이탈리아어로
Uso. [우소]입니다.

❷ **uso** [우소]는 **usare** [우사레] (이용/사용/참고/적용하다) 동사의
1인칭 단수 형태입니다.

❸ **uso** 다음에 장소/시간/방법을 구체적으로 말할 수 있습니다.

❹ **usare** 동사의 인칭별 변화형을 사용하여
다양한 문장을 만들 수 있습니다. 인칭별 변화형은 다음과 같습니다.
(의문문의 어순은 평서문과 같습니다. (주어) + 동사? : 주어 생략 가능)

io uso	[이오 우소]	나는 사용한다
tu usi	[뚜 우시]	너는 사용한다
lui/lei/Lei usa	[루이/레이/레이 우사]	그/그녀/당신은 사용한다
noi usiamo	[노이 우시아모]	우리들은 사용한다
voi usate	[보이 우사떼]	너희들은 사용한다
loro usano	[로로 우사노]	그들/그녀들은 사용한다

33 Strong Verbs for Beginners!

● Learn the Strong Verbs for the Foreign Language!

33 동사로 말하는
이탈리아어
강력한 33개 동사로 시작하는 외국어!

Italian

Part
2nd

iV-b25-1 **Lo uso.**
[로 우소.] 나는 그것을 사용합니다.

● **lo** [로] 그것, **non** [논] 아니다.
Non lo uso. [논 로 우소.] 나는 그것을 사용하지 않습니다.

iV-b25-2 **Lo uso ogni giorno.**
[로 우소 온니 죠르노.] 나는 그것을 매일 사용합니다.

● **ogni giorno** [온니 죠르노] 매일, **spesso** [스뻬쏘] 자주.
Lo uso spesso. [로 우소 스뻬쏘.] 나는 그것을 자주 사용합니다.

iV-b25-3 **Uso il computer.**
[우소 일 꼼쀼떼르.] 나는 컴퓨터를 사용합니다.

● **il computer** [일 꼼쀼떼르] 컴퓨터, **l'internet** [린떼르넷] 인터넷.
Uso l'internet. [우소 린떼르넷.] 나는 인터넷을 사용합니다.

2nd. Part.
33 동사로 말하는 이탈리아어, **Best 30 동사**

2nd Part. 33 동사로 말하는 이탈리아어,**Best 30 동사**
(26) 나는 사랑합니다.

❶ '나는 사랑합니다.'는 이탈리아어로
Amo. [아모.]입니다.

❷ **amo** [아모]는 **amare** [아마레] (사랑하다/좋아하다) 동사의
1인칭 단수 형태입니다.

❸ **amo** 다음에 대상/방법을 구체적으로 말할 수 있습니다.

❹ **amare** 동사의 인칭별 변화형을 사용하여
다양한 문장을 만들 수 있습니다. 인칭별 변화형은 다음과 같습니다.
(의문문의 어순은 평서문과 같습니다. (주어) + 동사? : 주어 생략 가능)

io amo	[이오 아모]	나는 사랑한다
tu ami	[뚜 아미]	너는 사랑한다
lui/lei/Lei ama	[루이/레이/레이 아마]	그/그녀/당신은 사랑한다
noi amiamo	[노이 아미아모]	우리들은 사랑한다
voi amate	[보이 아마떼]	너희들은 사랑한다
loro amano	[로로 아마노]	그들/그녀들은 사랑한다

33 동사로 말하는
이탈리아어
강력한 33개 동사로 시작하는 외국어!

Italian

Part
2nd

---

iV-b26-1   ## Ti amo.
[띠 아모.] 나는 너를 사랑해.

● **ti** [띠] 너를, **La** [라] 당신을.
La amo. [라 아모.] 나는 당신을 사랑합니다.

---

iV-b26-2   ## Amo viaggiare all'estero.
[아모 비앗쟈레 알레스떼로.] 나는 해외로 여행하는 것을 좋아합니다.

● **viaggiare** [비앗쟈레] 여행하다, **a** [아] ~로, **l'estero** [레스떼로] 해외.
amare 뒤에 동사원형이 바로 오면 '~하는 것을 너무 좋아하다'라는
의미로 쓰입니다.

---

iV-b26-3   ## Amo molto quel film.
[아모 몰또 꾸엘 필름.] 나는 그 영화를 매우 좋아합니다.

● **molto** [몰또] 매우, **quel** [꾸엘] 그, **il film** [일 필름] 영화.
il calcio [일 깔쵸] 축구. **Amo il calcio.** [아모 일 깔쵸.]
나는 축구를 좋아합니다.

2nd. Part.
33 동사로 말하는 이탈리아어, **Best 30 동사**

2nd Part. 33 동사로 말하는 이탈리아어, Best 30 동사
(27) 나는 전화를 합니다.

❶ '나는 전화를 합니다.'는 이탈리아어로
Telefono. [뗄레포노.]입니다.

❷ **telefono** [뗄레포노]는 **telefonare** [뗄레포나레] (전화하다)
동사의 1인칭 단수 형태입니다.

❸ **telefonare** 는 자동사입니다. '~에게 전화하다.'란 의미로 '전치사 **a**
+대상'이 동사 뒤에 와야 합니다. 반면, 앞서 배운 **chiamare** 동사는
타동사로 전치사 없이 곧바로 대상이 올 수 있습니다.

❹ **telefonare** 동사의 인칭별 변화형을 사용하여
다양한 문장을 만들 수 있습니다. 인칭별 변화형은 다음과 같습니다.
(의문문의 어순은 평서문과 같습니다. (주어) + 동사? : 주어 생략 가능)

io telefono	[이오 뗄레포노]	나는 싫어한다
tu telefoni	[뚜 뗄레포니]	너는 싫어한다
lui/lei/Lei telefona	[루이/레이/레이 뗄레포나]	그/그녀/당신은 싫어한다
noi telefoniamo	[노이 뗄레포니아모]	우리들은 싫어한다
voi telefonate	[보이 뗄레포나떼]	너희들은 싫어한다
loro telefonano	[로로 떼레포나노]	그들/그녀들은 싫어한다

● Learn the Strong Verbs for the Foreign Language!

33 동사로 말하는
이탈리아어
강력한 33개 동사로 시작하는 외국어!

 Italian

Part 2nd

iV-b27-1 # Telefono a Claudio.

[뗄레포노 아 끌라우디오.] 나는 클라우디오에게 전화한다.

● **a** [아] ~에게, **il/la cliente** [일/라 끌리엔떼] 손님/고객.
Telefono al cliente. [뗄레포노 알 끌리엔떼.] 나는 그 고객에게 전화합니다.

iV-b27-2 # Ti telefono dopo.

[띠 뗄레포노 도뽀.] 너에게 나중에 전화할게.

● **ti** [띠] 너에게, **dopo** [도뽀] 나중에, **presto** [쁘레스또] 곧.
Ti telefono presto. [띠 뗄레포노 쁘레스또.] 너에게 곧 전화할게.

iV-b27-3 # Gli telefono stasera.

[리 뗄레포노 스따쎄라.] 나는 오늘 저녁 그에게 전화합니다.

● **gli** [리] 그에게, **stasera** [스따쎄라] 오늘 저녁, **le** [레] 그녀에게.
Le telefono. [레 뗄레포노.] 나는 그녀에게 전화합니다.

2nd. Part.

33 동사로 말하는 이탈리아어, **Best 30 동사**

2nd Part. 33 동사로 말하는 이탈리아어, Best 30 동사
(28) 나는 청합니다.

❶ '나는 청합니다.'는 이탈리아어로
Chiedo. [끼에도.]입니다.

❷ **chiedo** [끼에도]는 **chiedere** [끼에데레] (청하다/묻다) 동사의
1인칭 단수 형태입니다.

❸ **chiedo** 다음에 장소/시간/방법을 구체적으로 말할 수 있습니다.

❹ **chiedere** 동사의 인칭별 변화형을 사용하여
다양한 문장을 만들 수 있습니다. 인칭별 변화형은 다음과 같습니다.
(의문문의 어순은 평서문과 같습니다. (주어) + 동사? : 주어 생략 가능)

io chiedo	[이오 끼에도]	나는 청한다
tu chiedi	[뚜 끼에디]	너는 청한다
lui/lei/Lei chiede	[루이/레이/레이 끼에데]	그/그녀/당신은 청한다
noi chiediamo	[노이 끼에디아모]	우리들은 청한다
voi chiedete	[보이 끼에데떼]	너희들은 청한다
loro chiedono	[로로 끼에도노]	그들/그녀들은 청한다

● Learn the Strong Verbs for the Foreign Language!

33 동사로 말하는
이탈리아어
강력한 33개 동사로 시작하는 외국어!

Italian

Part
2nd

iV-b28-1 Ti chiedo scusa.

[띠 끼에도 스꾸자.] 나는 너에게 용서를 구한다.(미안해.)

● ti [띠] 너에게, la scusa [라 스꾸자] 용서/사죄. 목적격대명사는 주어와 동사 사이에 위치합니다. 주어는 생략 가능하기 때문에 긍정문인 경우 목적격 대명사가 문장의 맨 앞에 위치할 수 있습니다.

iV-b28-2 Chiedo un favore.

[끼에도 운 파보레.] 나는 도움을 청합니다.

● il favore [일 파보레] 도움, l'aiuto [라이우또] 도움.
Chiedo un aiuto. [끼에도 운 아이우또.] 나는 도움을 요청합니다.

iV-b28-3 Chiedo un'informazione.

[끼에도 운인포르마찌오네.] 나는 정보 하나를 묻습니다.

● l'informazione [린포르마찌오네] 정보.

2nd. Part.
33 동사로 말하는 이탈리아어, **Best 30 동사**

2nd Part. 33 동사로 말하는 이탈리아어, **Best 30 동사**
(29) 나는 생각합니다.

❶ '나는 생각합니다.'는 이탈리아어로
Penso. [뻰소.]입니다.

❷ penso [뻰소]는 pensare [뻰사레] (생각하다) 동사의
1인칭 단수 형태입니다.

❸ penso 다음에 대상/방법을 구체적으로 말할 수 있습니다.

❹ pensare 동사의 인칭별 변화형을 사용하여
다양한 문장을 만들 수 있습니다. 인칭별 변화형은 다음과 같습니다.
(의문문의 어순은 평서문과 같습니다. (주어) + 동사? : 주어 생략 가능)

io penso	[이오 뻰소]	나는 생각한다
tu pensi	[뚜 뻰시]	너는 생각한다
lui/lei/Lei pensa	[루이/레이/레이 뻰사]	그/그녀/당신은 생각한다
noi pensiamo	[노이 뻰시아모]	우리들은 생각한다
voi pensate	[보이 뻰사떼]	너희들은 생각한다
loro pensano	[로로 뻰사노]	그들/그녀들은 생각한다

33 STRONG VERBS FOR BEGINNERS!

● Learn the Strong Verbs for the Foreign Language!

33 동사로 말하는
이탈리아어
강력한 33개 동사로 시작하는 외국어!

Italian

Part
2nd

iV-b29-1 **Ci penso io.**

[치 뻰소 이오.] 내가 알아서 할께.

● **ci** [치] 그것에 대해. **Ci penso io.**는 '나는 그것을 생각한다.'가 아닌 '내가 알아서 처리 하겠다.'라는 의미의 숙어입니다.

iV-b29-2 **Penso sempre a voi.**

[뻰소 쎔쁘레 아 보이.] 나는 항상 너희들을 생각한다.

● **sempre** [쎔쁘레] 항상, **a** [아] ~에 대해, **voi** [보이] 너희들.

iV-b29-3 **Penso di uscire.**

[뻰소 디 우쉬레.] 나는 외출할 생각입니다.

● **di** [디] ~하는 것, **uscire** [우쉬레] 외출하다.
pensare 뒤에 전치사 **di** + 동사원형이 오면
'~할 생각이다.'입니다

2nd. Part.
33 동사로 말하는 이탈리아어, **Best 30 동사**

2nd Part. 33 동사로 말하는 이탈리아어, Best 30 동사
(30) 나는 감사합니다.

❶ '나는 감사합니다.'는 이탈리아어로
Ringrazio. [링그라찌오.]입니다.

❷ **ringrazio** [링그라찌오]는 **ringraziare** [링그라찌아레] (감사하다) 동사의
1인칭 단수 형태입니다.

❸ **ringrazio** 다음에 명사를 넣어 구체적으로 말할 수 있습니다.

❹ **ringraziare** 동사의 인칭별 변화형을 사용하여
다양한 문장을 만들 수 있습니다. 인칭별 변화형은 다음과 같습니다.
(의문문의 어순은 평서문과 같습니다. (주어) + 동사? : 주어 생략 가능)

io ringrazio	[이오 링그라찌오]	나는 감사한다
tu ringrazi	[뚜 링그라찌]	너는 감사한다
lui/lei/Lei ringrazia	[루이/레이/레이 링그라찌아]	그/그녀/당신은 감사한다
noi ringraziamo	[노이 링그라찌아모]	우리들은 감사한다
voi ringraziate	[보이 링그라찌아떼]	너희들은 감사한다
loro ringraziano	[로로 링그라찌아노]	그들/그녀들은 감사한다

● Learn the Strong Verbs for the Foreign Language!

33 동사로 말하는
이탈리아어

강력한 33개 동사로 시작하는 외국어!

Italian

Part 2nd

---

iV-b30-1

La ringrazio di tutto cuore.

[라 링그라찌오 디 뚜또 꾸오레.]
나는 당신에게 진심으로 감사합니다.

● **la** [라] 당신을, **di** [디] ~으로, **tutto** [뚜또] 모든, **il cuore** [일 꾸오레] 심장/마음. **ringraziare**는 타동사이기 때문에 감사하는 대상을 직접목적어로 표현합니다. 따라서 '당신에게' **le**가 아닌 '당신을' **la**를 사용합니다.

---

iV-b30-2

Ti ringrazio per il bellissimo regalo.

[띠 링그라찌오 뻬르 일 벨리씨모 레갈로.]
나는 너에게 너무 멋진 선물에 대해 감사한다.

● **ti** [띠] 너를, **per** [뻬르] ~대해서, **bellissimo** [벨리씨모] 아주 아름다운/멋진, **il regalo** [일 레갈로] 선물.

---

iV-b30-3

Vi ringrazio per l'aiuto.

[비 링그라찌오 뻬르 라이우또.]
나는 너희들에게 도움에 대해 감사한다.

● **vi** [비] 너희를, **l'aiuto** [라이우또] 도움.

BONUS Part

This booklet contains a list of 33 strong verbs to help you learn the foreign language.   🐾 33 Strong Verbs for Beginners!

33yeah!

Bonus Part.
33 동사로 말하는 이탈리아어, **부록**

지금까지 이탈리아어의 **33**가지 초핵심
동사로 말하기 표현의 학습을 완료했습니다.
마지막으로 이탈리아어 동사 관련 핵심 문법 요약과
완전 초보자를 위한 알파벳과 발음을
준비하였습니다.

Bonus Part.
33 동사로 말하는 이탈리아어, **부록**

Bonus Part. 33 동사로 말하는 이탈리아어, **부록**
❶ 이탈리아어의 **알파벳과 발음**

IA-0-01 **A a** 아[ㅏ]	IA-0-02 **B b** 비[ㅂ]	IA-0-03 **C c** 치[ㅊ/ㄲ]
IA-0-04 **D d** 디[ㄷ]	IA-0-05 **E e** 에[ㅔ]	IA-0-06 **F f** 에뻬[ㅍ]
IA-0-07 **G g** 지[ㄱ/ㅈ]	IA-0-08 **H h** 아까[묵음]	IA-0-09 **I i** 이[ㅣ]
IA-0-10 **L l** 엘레[ㄹ]	IA-0-11 **M m** 엠메[ㅁ]	IA-0-12 **N n** 엔네[ㄴ]
IA-0-13 **O o** 오[ㅗ]	IA-0-14 **P p** 삐[ㅃ]	IA-0-15 **Q q** 꾸[ㄲ]
IA-0-16 **R r** 에레[ㄹ]	IA-0-17 **S s** 에쎄[ㅅ/ㅈ]	IA-0-18 **T t** 띠[ㅌ/ㄸ]
IA-0-19 **U u** 우[ㅜ]	IA-0-20 **V v** 부[ㅂ]	IA-0-21 **Z z** 제따[ㅈ/ㅉ]
IA-0-22 **J j** 이룽가[ㅣ]	IA-0-23 **K k** 깝빠[ㄲ]	IA-0-24 **W w** 도삐아부[ㅂ]
	IA-0-25 **X x** 익스[ㅆ]	IA-0-26 **Y y** 입씰론[ㅣ]

 33 Strong Verbs For Beginners!

33 동사로 말하는
이탈리아어
강력한 33개 동사로 시작하는 외국어!

Italian

Part
Bonus

Bonus Part. 33 동사로 말하는 이탈리아어, **부록**
❷ 이탈리아어의 **인칭대명사**

● 이탈리아어 문장의 주어가 될 수 있는 인칭대명사(주격)입니다.

io [이오] 나	**noi** [노이] 우리들
tu [뚜] 너	**voi** [보이] 너희들
lui / lei / Lei [루이/레이/레이] 그/그녀/당신은	**loro** [로로] 그들/그녀들

❶ 문장의 주어가 될 수 있는 주격인칭대명사입니다.
❷ 존칭의 인칭대명사는 **Lei** (당신)와 비존칭의 **tu** (너)가 있습니다.
❸ 주격인칭대명사 **Lei** (당신)는 첫글자 L를 항상 대문자로 씁니다.
❹ 주격인칭대명사 **tu** (너)는 친한 사이에 쓸 수 있습니다.
❺ 3인칭 단수 주격인칭대명사는 3가지가 있습니다.
lui는 '그', **lei**는 '그녀', 첫글자가 대문자인 **Lei**는 '당신'으로
존칭형 인칭대명사입니다.

Bonus Part.
33 동사로 말하는 이탈리아어, **부록**

Bonus Part. 33 동사로 말하는 이탈리아어, **부록**
❸ 이탈리아어의 **동사 인칭변화 (규칙)**

pens-are (생각하다)

io pens-o	[이오 뻰소]	나는 생각한다
tu pens-i	[뚜 뻰시]	너는 생각한다
lui/lei/Lei pens-a	[루이/레이/레이 뻰사]	그/그녀/당신은 생각한다

noi pens-iamo	[노이 뻰시아모]	우리들은 생각한다
voi pens-ate	[보이 뻰사떼]	너희들은 생각한다
loro pens-ano	[로로 뻰사노]	그들/그녀들은 생각한다

serv-ire(~에게 ~이 필요하다)

io serv-o	[이오 세르보]	~에게 내가 필요하다
tu serv-i	[뚜 세르비]	~에게 너가 필요하다
lui/lei/Lei serv-e	[루이/레이/레이 세르베]	~에게 그/그녀/당신이 필요하다

noi serv-iamo	[노이 세르비아모]	~에게 우리들이 필요하다
voi serv-ite	[보이 세르비떼]	~에게 너희들이 필요하다
loro serv-ono	[로로 세르보노]	~에게 그들/그녀들이 필요하다

❶ 이탈리아어 동사는 '어간과 어미'로 이루어져 있습니다.
❷ 모든 이탈리아어 동사는 인칭에 따라 어미변화를 합니다.
약 80%가 규칙적으로 어미변화를 하는 '규칙변화동사'입니다.
❸ 이탈리아어 동사의 어미는 –are/-ere/-ire 세가지 타입이 존재하며,
각각의 어미에 따른 동사변화형이 존재합니다.
❹ 예를 들어 pensare 동사의 어간은 pens-이며, 어미는 –are로 끝나는
규칙동사입니다.

● Learn the Strong Verbs for the Foreign Language!

33 동사로 말하는
이탈리아어
강력한 33개 동사로 시작하는 외국어!

Italian

Part
Bonus

Bonus Part. 33 동사로 말하는 이탈리아어, 부록
❹ 이탈리아어의 동사 인칭변화 (불규칙)

---

andare (가다)

io vado	[이오 바도]	나는 간다
tu vai	[뚜 바이]	너는 간다
lui/lei/Lei va	[루이/레이/레이 바]	그/그녀/당신은 간다
noi andiamo	[노이 안디아모]	우리들은 간다
voi andate	[보이 안다떼]	너희들은 간다
loro vanno	[로로 반노]	그들/그녀들은 간다

venire (오다)

io vengo	[이오 벵고]	나는 온다
tu vieni	[뚜 비에니]	너는 온다
lui/lei/Lei viene	[루이/레이/레이 비에네]	그/그녀/당신은 온다
noi veniamo	[노이 베니아모]	우리들은 온다
voi venite	[보이 베니떼]	너희들은 온다
loro vengono	[로로 벵고노]	그들/그녀들은 온다

---

❶ 불규칙 변화 동사는 인칭변화를 할 때 어간도 변합니다.
❷ 불규칙 동사는 일정한 규칙이 존재하지 않으므로, 주의가 필요합니다.